French Bilingual Bridge

Pont Bilingue Français

Classic Science Fiction Stories for Beginners

Histoires classiques de science-fiction pour débutants

Vallerie Wilson

Bilingual Bridge™

Sommaire

Contents

Frankenstein

Frankenstein

This story is an adaptation of the novel *Frankenstein*, written by
the English author Mary Shelley in 1818. It is considered a
timeless classic and one of the earliest examples of the science
fiction genre.

L'histoire de "Frankenstein" débute avec un homme appelé Victor Frankenstein. Victor est un homme très intelligent. Il est passionné par l'apprentissage de nombreuses choses. Mais ce qu'il aime le plus, c'est la science.

Victor n'est pas comme les autres. Il n'aime pas passer son temps à s'amuser ou à aller à des fêtes. Non, Victor aime passer son temps à lire des livres. Il lit des livres qui traitent des sujets tels que la vie, le corps et le fonctionnement des choses. Il lit tellement qu'il sait beaucoup de choses que les autres ne savent pas.

The story of "Frankenstein" starts with a man named Victor Frankenstein. Victor is a very smart man. He loves to learn about many things. But, what he likes the most is science.

Victor is not like other people. He doesn't like to spend his time having fun or going to parties. No, Victor likes to spend his time reading books. He reads books about life, about the body, and about how things work. He reads so much that he knows a lot of things that other people don't know.

Les livres préférés de Victor traitent de la vie et de la mort. Ces livres incitent Victor à beaucoup réfléchir. Il commence à se poser de grandes questions. "Il se demande : "Qu'est-ce que la vie ? Qu'est-ce que la mort ? Il commence aussi à avoir de grands rêves. "Puis-je créer une nouvelle vie ?", rêve-t-il.

La famille de Victor a du mal à le comprendre, mais elle l'aime beaucoup. Tous laissent Victor faire ce qu'il veut. Ils le laissent lire ses livres et avoir ses grandes pensées. Ils souhaitent que Victor soit heureux.

Victor's favorite books are about life and death. These books make Victor think a lot. He starts to have big questions. "What is life? What is death?" he asks. He also starts to have big dreams. "Can I make a new life?" he dreams.

Victor's family doesn't understand him, but they love him very much. They let Victor do what he likes. They let him read his books and think his big thoughts. They hope that Victor will be happy.

Mais Victor n'est pas heureux. Il est toujours en train de réfléchir, de rêver. Sa grande question, "Puis-je créer une nouvelle vie ?", est toujours dans sa tête. Il ne peut s'empêcher d'y penser. Il commence à planifier une grande expérience. Cette expérience changera sa vie. Mais il ne le sait pas encore.

Victor se met donc au travail. Il travaille jour et nuit. Il ne mange pas beaucoup. Il ne dort pas beaucoup. Il travaille, c'est tout. Il est très enthousiaste. Il veut savoir s'il peut créer une nouvelle vie.

But Victor is not happy. He is always thinking, always dreaming. His big question, "Can I make a new life?" is always in his head. He can't stop thinking about it. He starts to plan a big experiment. This experiment is going to change his life. But, he doesn't know this yet.

So, Victor starts to work. He works day and night. He doesn't eat much. He doesn't sleep much. He only works. He is very excited. He wants to know if he can make a new life.

C'est ainsi que commence notre histoire. Avec Victor, un homme intelligent qui se pose une grande question. Un homme qui est prêt à changer sa vie et, peut-être, le monde entier. Mais attention, toute action a une réaction. Et Victor va l'apprendre très vite.

Victor désirait créer une personne à partir de parties de cadavres. Tout d'abord, il lui fallait trouver les parties du corps. C'était un travail terrifiant. Il devait se rendre dans des endroits où les gens enterraient leurs morts.

Dans le calme de la nuit, Victor a pris ce dont il avait besoin. Il prenait des parties de différents corps. Ce n'était pas un travail agréable, mais Victor s'en fichait. Seule son expérience lui importait.

That's how our story begins. With Victor, a smart man with a big question. A man who is ready to change his life and maybe the whole world. But remember, every action has a reaction. And Victor is going to learn this very soon.

Victor wanted to make a person from parts of dead bodies. First, Victor had to find the parts. This was a scary job. He had to go to places where people buried the dead.

In the quiet of the night, Victor took what he needed. He took parts of different bodies. This was not a nice job, but Victor did not care. He only cared about his experiment.

Victor ramena ces parties dans sa maison. Victor commença à assembler les pièces. Il travailla très dur. Il travaillait jour et nuit. Il oubliait de manger et de dormir. Il ne pensait qu'à son travail.

Après de nombreux jours et de longues nuits, Victor parvint à placer toutes les pièces au bon endroit. Il devait maintenant donner vie au corps. Il avait un plan pour cela. Il a utilisé une machine spéciale. Cette machine pouvait produire des éclairs. Victor pensait que la foudre pouvait donner la vie au corps.

Victor brought the parts back to his house. Victor started to put the parts together. He worked very hard. He worked day and night. He forgot about eating and sleeping. He only thought about his work.

After many days and nights, Victor had all the parts in the right places. Now, he had to give life to the body. He had a plan for this. He used a special machine. This machine could make lightning. Victor thought that lightning could give life to the body.

Une nuit, il y a eu un gros orage. Victor se dit que c'est le moment ou jamais. Il utilisa sa machine pour attraper la foudre. Ensuite, il envoya la foudre dans le corps. Il attendait. Il espérait. Il avait peur, mais il était également très enthousiaste.

Puis, quelque chose se produisit. Le corps bougea ! Victor n'en revenait pas. Il avait réussi ! Il avait créé une nouvelle vie ! Il était heureux et fier. Mais ensuite, il regarda le corps. Ce n'était pas un corps agréable. Il était grand et laid. Il avait des yeux jaunes qui fixaient Victor. Il avait des lèvres noires qui souriaient à Victor. Il avait de longs cheveux noirs. C'était un monstre !

One night, there was a big storm. Victor knew that this was the right time. He used his machine to catch the lightning. Then, he sent the lightning into the body. He waited. He hoped. He was scared, but he was also excited.

Then, something happened. The body moved! Victor couldn't believe it. He had done it! He had made a new life! He was happy and proud. But then, he looked at the body. It was not a pleasant body. It was big and ugly. It had yellow eyes that stared at Victor. It had black lips that smiled at Victor. It had long, black hair. It was a monster!

Victor fut effrayé. Il venait de créer une nouvelle vie, certes, mais c'était un monstre. Et ce monstre regardait Victor.

Victor was scared. He had made a new life, yes, but it was a monster. And this monster was looking at Victor.

Victor ne savait pas quoi faire. Il était très fatigué. Il avait aussi très peur. Il est sorti en courant et est allé dans sa chambre. Il ferma la porte. Il espérait que le monstre ne le suivrait pas.

Victor did not know what to do. He was very tired. He was also very scared. He ran out of the room and into his bedroom. He closed the door. He hoped that the monster would not follow him.

Victor tomba sur son lit. Il était si fatigué. Il ferma les yeux. Il voulait oublier le monstre. Il espérait que lorsqu'il se réveillerait, le monstre serait parti.

Victor fell on his bed. He was so tired. He closed his eyes. He wanted to forget about the monster. He hoped that when he woke up, the monster would be gone.

Victor s'endormit. Hors de sa chambre, le monstre était seul. Il regarda autour de lui. Il ne savait pas où il était. Il ne savait pas de quoi il s'agissait. Il avait peur, mais il était aussi curieux. Il voulait en savoir davantage sur ce monde.

And so, Victor fell asleep. Outside his room, the monster was alone. It looked around. It did not know where it was. It did not know what it was. It was scared, too. But it was also curious. It wanted to know more about this world.

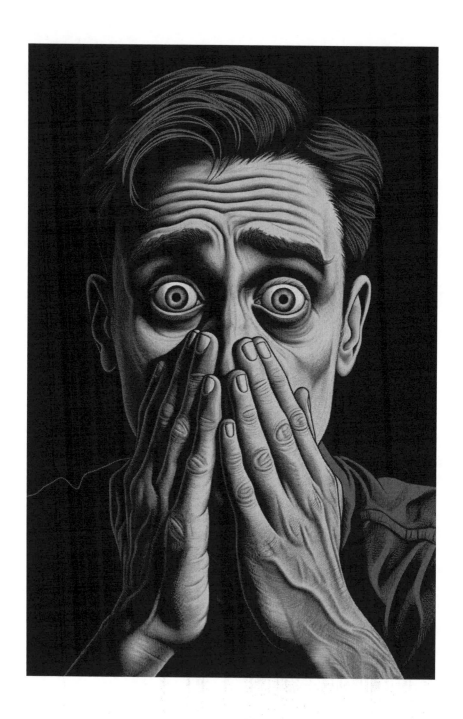

Lorsque Victor se réveilla, il était encore effrayé. Il se souvenait de la grosse et laide créature qu'il avait fabriquée. Il ne voulait pas la revoir. Mais il savait qu'il devait quitter sa chambre. Il ouvrit lentement la porte et regarda autour de lui. La créature n'était plus là. Victor était très soulagé. Il pensait que la créature était partie.

When Victor woke up, he was still scared. He remembered the big, ugly creature he had made. He didn't want to see it again. But he knew he had to leave his room. He slowly opened the door and looked around. The creature was not there. Victor was very relieved. He thought the creature had gone away.

Victor essaya d'oublier la créature. Il essayait de vivre sa vie comme auparavant, mais c'était difficile. Il ne cessait de penser à la créature. Il se demandait où elle était et ce qu'elle faisait. Il avait peur. Il était aussi très triste. Il avait l'impression d'avoir fait une grosse erreur.

Victor tried to forget about the creature. He tried to live his life like before, but it was difficult. He kept thinking about the creature. He wondered where it was and what it was doing. He was scared. He was also very sad. He felt like he had made a big mistake.

Pendant ce temps, la créature était seule au monde. Elle était grande et forte, mais elle était aussi très confuse. Elle ne comprenait pas le monde. Elle ne se comprenait pas elle-même. Elle ne comprenait pas pourquoi elle était différente. Elle ne comprenait pas pourquoi les gens avaient peur d'elle.

Il voulait avoir des amis et parler avec les gens. Elle voulait être aimée, mais les gens avaient peur de la créature. Ils s'enfuyaient tous lorsqu'ils la voyaient, criant et jetant des objets sur elle. La créature ne comprenait pas pourquoi. Elle se sentait très triste. Elle commença également à se sentir en colère.

Meanwhile, the creature was alone in the world. It was big and strong, but it was also very confused. It didn't understand the world. It didn't understand itself. It didn't understand why it was different. It didn't understand why people were scared of it.

It wanted to have friends and talk with people. It wanted to be loved, but people were afraid of the creature. They all ran away when they saw it, yelling and throwing things at him. The creature did not understand why. It felt very sad. It also began to feel angry.

Un jour, la créature retrouva le chemin de la maison de Victor. Elle voulait voir Victor. Elle pensait que Victor pouvait l'aider. Elle pensait qu'il pourrait aider les gens à la comprendre. Elle pensait que Victor pouvait l'aider à se sentir moins seule.

La créature entra dans la maison de Victor. Elle trouva Victor dans sa chambre. Victor fut choqué de voir la créature. Il eut également peur, mais la créature n'était pas en colère. Elle ne fit pas de mal à Victor. Elle regardait Victor avec ses grands yeux jaunes. Elle semblait demander de l'aide à Victor.

One day, the creature found its way back to Victor's house. It wanted to see Victor. It thought that Victor could help. It thought he could help make people understand him. It thought that Victor could make it less lonely.

The creature entered Victor's house. It found Victor in his room. Victor was shocked to see the creature. He was scared, too, but the creature was not angry. It did not hurt Victor. It only looked at Victor with its big, yellow eyes. It seemed to be asking Victor for help.

Mais Victor avait trop peur. Il ne pouvait pas voir la tristesse de la créature. Il ne pouvait pas voir sa solitude. Il ne voyait que son visage hideux. Victor cria. Il demanda à la créature de s'en aller. Il lui ordonna de s'en aller et de ne jamais revenir.

Ce rejet dévasta la créature. Elle ne comprenait pas pourquoi Victor avait peur. Elle ne comprenait pas pourquoi Victor était en colère. Elle savait seulement que Victor ne voulait pas d'elle. Victor ne l'aimait pas. La créature se sentait très seule. Elle se sentait aussi très en colère. Elle quitta la maison de Victor. Mais elle n'oublia pas Victor.

But Victor was too scared. He couldn't see the creature's sadness. He couldn't see its loneliness. He could only see its ugly face. Victor screamed. He told the creature to leave. He told it to go away and never come back.

This rejection devastated the creature. It did not understand why Victor was scared. It did not understand why Victor was angry. It only knew that Victor did not want it. Victor did not love it. The creature felt very alone. It felt very angry, too. It left Victor's house. But it did not forget Victor.

C'est ainsi que la créature se retrouva à nouveau seule. La créature était très triste. Elle était aussi très en colère. Elle décida que si le monde ne voulait pas d'elle, elle lui ferait ressentir sa douleur.

Victor, quant à lui, resta avec sa peur et sa culpabilité. Il savait qu'il avait fait une grosse erreur. Il savait qu'il avait créé un monstre. Il ne savait pas quoi faire. Il ne savait pas comment réparer son erreur. Il ne pouvait qu'espérer que la créature s'en aille. Il ne pouvait que souhaiter que la créature l'oublie. Mais Victor avait tort. La créature ne l'oublierait pas. La créature n'oublierait rien.

And so, the creature was alone again. The creature was very sad. It was also very angry. It decided that if the world did not want it, it would make the world feel its pain.

Victor, meanwhile, was left with his fear and guilt. He knew he had made a big mistake. He knew he had made a monster. He didn't know what to do. He didn't know how to fix his mistake. He could only hope that the creature would go away. He could only hope that the creature would forget him. But Victor was wrong. The creature would not forget him. The creature would not forget anything.

Après avoir quitté la maison de Victor, la créature ne savait pas quoi faire. Elle savait seulement qu'on ne voulait pas d'elle. Cela rendit la créature très triste. Mais elle ne renonça pas. Elle décida d'essayer de comprendre le monde.

La créature commença à explorer. Elle marcha dans les forêts. Elle escalada des montagnes, nagea dans des rivières, vit la beauté du monde, mais aussi la peur dans les yeux des gens. La créature se sentit encore plus seule, mais elle ne cessa pas pour autant d'explorer.

After the creature left Victor's house, it did not know what to do. It only knew that it was not wanted. This made the creature very sad. But it did not give up. It decided to try and understand the world.

The creature started to explore. It walked through the forests. It climbed the mountains. It swam in the rivers. It saw the beauty of the world, but it also saw the fear in people's eyes. This made the creature feel even more alone. But it did not stop exploring.

Un jour, la créature trouva une petite maison au milieu de la forêt. C'était une maison simple. Elle abritait une famille pauvre. La créature décida de garder un œil sur cette famille. Elle voulait apprendre d'eux. Elle voulait les comprendre.

La créature observait la famille tous les jours. Elle voyait le père travailler dans les champs. Elle voyait la mère préparer les repas. Elle voyait les enfants jouer et apprendre. La créature commença à comprendre comment les gens vivaient. Elle commençait à comprendre leur langage. Elle commençait à comprendre leurs sentiments.

One day, the creature found a small house. The house was in the middle of the forest. It was a simple house. It was home to a poor family. The creature decided to watch the family. It wanted to learn from them. It wanted to understand them.

The creature watched the family every day. It saw the father work in the fields. It saw the mother cook meals. It saw the children play and learn. The creature started to understand how people lived. It started to understand their language. It started to understand their feelings.

La créature aimait bien cette famille. Elle voulait les aider. Elle voulait être leur amie. La créature commença donc à faire de petites choses pour la famille. Elle ramassait du bois pour eux. Elle leur laissait de la nourriture. Elle essayait de leur rendre la vie plus facile.

The creature liked the family. It wanted to help them. It wanted to be friends with them. So, the creature started to do small things for the family. It gathered wood for them. It left food for them. It tried to make their life easier.

La famille fut surprise. Ils ne savaient pas qui les aidait, mais ils étaient reconnaissants. Ils voulaient remercier leur ami inconnu. La créature était heureuse. Elle avait l'impression de faire partie de la famille. Elle se sentait moins seule.

The family was surprised. They did not know who was helping them, but they were grateful. They wanted to thank their unknown friend. The creature was happy. It felt like it was part of the family. It felt less alone.

Mais alors, un jour, la créature décida de rencontrer la famille. Elle pensait que la famille serait heureuse de la voir. Elle pensait que la famille serait son amie. Mais la créature se trompait. Lorsque la famille la vit, elle fut effrayée. Ils crièrent. Elle se sauva en courant. Ils ne voulaient pas de la créature.

La créature était dévastée. Elle ne voulait qu'être amie, mais la famille ne vit que le visage hideux de la créature. Ils ne virent qu'un monstre. Ils ne voyaient pas le bon cœur de la créature.

But then, one day, the creature decided to meet the family. It thought the family would be happy to see it. It thought the family would be its friend. But the creature was wrong. When the family saw the creature, they were scared. They screamed. They ran away. They did not want the creature.

The creature was devastated. It had only wanted to be friends, but the family only saw the creature's ugly face. They only saw a monster. They did not see the creature's kind heart.

La créature s'éloigna de la famille. Elle se sentait plus seule que jamais. Elle était en colère contre le monde. Elle en voulait à Victor. La créature décida de retourner auprès de Victor. Elle voulait que Victor répare son erreur. Elle voulait que Victor lui fasse un ami. Elle voulait que Victor lui trouve une solution à sa solitude.

C'est ainsi que la créature commença son voyage de retour vers Victor. Ce n'était plus la même créature. Elle avait vu le monde. Elle avait ressenti la joie et la douleur. Elle avait appris la vie et l'amour. Elle avait appris le rejet et la solitude. La créature était prête à affronter Victor. Elle était prête à demander ce qu'elle voulait.

The creature left the family. It felt more alone than ever. It was angry at the world. It was angry at Victor. The creature decided to go back to Victor. It wanted Victor to fix his mistake. It wanted Victor to make it a friend. It wanted Victor to make it less lonely.

And so, the creature started its journey back to Victor. It was not the same creature anymore. It had seen the world. It had felt joy and pain. It had learned about life and love. It had learned about rejection and loneliness. The creature was ready to face Victor. It was ready to ask for what it wanted.

La créature retourna dans la ville de Victor. Elle était pleine de ressentiment. Elle sentait que Victor l'avait faite horrible et solitaire. La créature voulait que Victor répare son erreur. Elle voulait que Victor lui donne un ami. Elle voulait une créature comme elle.

La créature retrouva Victor. Elle eut une discussion avec lui. Elle lui raconta son histoire. Elle lui parla au sujet de la famille. Elle lui parla de sa solitude. La créature demanda à Victor de lui faire un ami. Elle promit de s'en aller si Victor le faisait. Elle promit une vie paisible.

The creature returned to Victor's town. It was filled with resentment. It felt that Victor had made it ugly and lonely. The creature wanted Victor to fix his mistake. It wanted Victor to give it a friend. It wanted a creature like itself.

The creature found Victor. It talked to him. It told him its story. It told him about the family. It told him about its loneliness. The creature asked Victor to make it a friend. It promised to go away if Victor did this. It promised to live in peace.

Victor était étonné. Il avait également peur. Il ne voulait pas créer une autre créature. Il pensait aux problèmes que cela pourrait causer. Mais il pensait aussi à la solitude de la créature. Il pensa à son erreur. Il décida d'aider la créature. Il lui promit de lui faire un ami. La créature était heureuse. Elle laissa Victor faire son travail.

Victor commença son travail, mais il n'était pas content. Il était inquiet. Il pensait à la créature. Il pensait à la nouvelle créature qu'il était en train de fabriquer. Il ne savait pas s'il faisait ce qu'il fallait. Il décida d'arrêter. Il détruisit la nouvelle créature.

Victor was surprised. He was scared, too. He did not want to make another creature. He thought about the problems it could cause. But he also thought about the creature's loneliness. He thought about his mistake. He decided to help the creature. He promised to make it a friend. The creature was happy. It left Victor to do his work.

Victor started his work, but he was not happy. He was worried. He thought about the creature. He thought about the new creature he was making. He did not know if he was doing the right thing. He decided to stop. He destroyed the new creature.

Lorsque la créature vit cela, elle fut furieuse. Elle jura de se venger. Elle laissa Victor tranquille, mais elle n'oublia pas sa promesse. Elle ne pouvait pas oublier sa trahison. La créature décida de faire du mal à Victor. Elle décida de lui enlever les gens qu'il aimait.

When the creature saw this, it was furious. It promised to take revenge. It left Victor alone, but it did not forget his promise. It did not forget his betrayal. The creature decided to hurt Victor. It decided to take away the people Victor loved.

La créature s'empara du jeune frère de Victor, William. Elle l'étrangla. Ensuite, elle fit croire que c'était quelqu'un d'autre qui l'avait fait. Après cela, la créature se sentit satisfaite et puissante parce qu'elle voulait contrarier Victor.

The creature took Victor's younger brother, William. He strangled him. Then he made it look like someone else did it. After this, the creature felt satisfied and powerful because he wanted to upset Victor.

Mais la créature ne s'arrêta pas là. Elle tue également le meilleur ami de Victor. L'ami fut retrouvé mort dans sa chambre. La créature était contente. Elle estimait que Victor ressentait sa solitude.

But the creature did not stop there. It also killed Victor's best friend. The friend was found dead in his room. The creature was pleased. It felt that Victor was feeling its loneliness.

Finalement, la créature assassina l'amour de Victor. Elle fut retrouvée morte dans son lit. La créature était ravie. Elle estimait que Victor ressentait sa colère.

Victor eut le cœur brisé et fut furieux. Il était aussi très en colère. Il savait que la créature était responsable de tout cela. Il savait que la créature voulait se venger. Victor décida d'arrêter la créature. Il décida de la détruire. Mais la créature était prête pour Victor. Elle était prête pour le combat final.

Victor était rempli de tristesse et de colère. La créature lui avait tout pris. Mais il avait une mission. Il devait arrêter la créature. Il devait s'assurer qu'elle ne blesserait personne d'autre.

Finally, the creature killed Victor's love. She was found dead in her bed. The creature was elated. It felt that Victor was feeling its anger.

Victor was heartbroken and furious. He knew that the creature had done all this. He knew that the creature was taking revenge. Victor decided to stop the creature. He decided to destroy the creature. But the creature was ready for Victor. It was ready for the final fight.

Victor was filled with sorrow and anger. The creature had taken everything from him. But he had a mission. He had to stop the creature. He had to make sure that it didn't hurt anyone else.

Victor fit ses valises et quitta sa maison. Il se mit à parcourir le monde à la recherche de la créature. Son voyage fut long et difficile. Il traversa des forêts et des montagnes. Il traversa des rivières et des déserts. Il ne s'arrêta pas. Il continua à avancer. Il était déterminé à trouver la créature.

Pendant ce temps, la créature se déplaçait elle aussi. Elle savait que Victor la suivait. Elle ne voulait pas se faire prendre. Elle était prudente. Elle laissa des indices à Victor pour qu'il les suive. Elle voulait que Victor ressente sa douleur. Elle voulait que Victor ressente sa peur. Elle voulait que Victor comprenne.

Victor packed his bags and left his home. He went into the world to find the creature. His journey was long and hard. He traveled through forests and mountains. He crossed rivers and deserts. He did not stop. He kept going. He was determined to find the creature.

Meanwhile, the creature was also on the move. It knew that Victor was following it. It didn't want to be caught. It was careful. It left clues for Victor to follow. It wanted Victor to feel its pain. It wanted Victor to feel its fear. It wanted Victor to understand.

La créature se rendit dans les régions les plus froides et les plus sombres du monde. Elle alla dans des endroits où personne d'autre n'allait, mais Victor ne s'arrêta pas. Il suivit la créature. Il endura le froid et l'obscurité. Il était déterminé à trouver la créature.

The creature went to the coldest and darkest parts of the world. It went to places where no one else went, but Victor did not stop. He followed the creature. He endured the cold and the darkness. He was determined to find the creature.

Victor était fatigué. Il avait faim. Il avait peur, mais il n'abandonnait pas. Il pensait aux personnes qu'il avait perdues. Il pensait à la vengeance de la créature. Il pensait à sa responsabilité. Ces pensées le motivaient à continuer.

Victor was tired. He was hungry. He was scared, but he did not give up. He thought about the people he had lost. He thought about the creature's revenge. He thought about his responsibility. These thoughts kept him going.

Enfin, Victor vit la créature. Elle était dans une grotte. Elle était seule. Victor était en colère. Il voulait attaquer la créature. Mais il vit également la tristesse de la créature. Il vit sa solitude. Il vit sa peur. Victor était confus. Il ne savait pas quoi faire.

Finally, Victor saw the creature. It was in a cave. It was alone. Victor was angry. He wanted to attack the creature. But he also saw the creature's sadness. He saw the creature's loneliness. He saw the creature's fear. Victor was confused. He did not know what to do.

La créature vit Victor, elle aussi. Elle était prête. Elle n'avait rien à perdre. Elle voulait se battre contre Victor. Elle voulait faire ressentir sa douleur à Victor. Elle voulait faire en sorte que Victor comprenne. Mais la créature voyait aussi la douleur de Victor. Elle voyait sa solitude. Elle voyait sa peur. La créature était confuse, elle aussi. Elle ne savait pas quoi faire.

The creature saw Victor, too. It was ready. It had nothing to lose. It wanted to fight Victor. It wanted to make Victor feel its pain. It wanted to make Victor understand. But the creature also saw Victor's pain. It saw Victor's loneliness. It saw Victor's fear. The creature was confused, too. It did not know what to do.

Victor et la créature restèrent là. Ils se regardèrent l'un l'autre. Ils étaient ennemis, mais ils étaient également identiques. Ils étaient tous deux seuls. Ils étaient tous deux tristes. Ils étaient tous deux effrayés. Ils étaient tous deux en colère. Ils ne savaient pas quoi faire. Ils ne savaient pas comment mettre fin à cette situation.

Victor voulait tuer la créature et la créature voulait tuer Victor. Mais ils voulaient en même temps se comprendre l'un l'autre. Ils voulaient comprendre leurs peines. Ils voulaient comprendre la solitude qu'ils éprouvaient, la peur qu'ils ressentaient et la colère qu'ils ressentaient. Mais ils ne savaient pas comment procéder.

Victor and the creature stood there. They looked at each other. They were enemies, but they were also the same. They were both lonely. They were both sad. They were both scared. They were both angry. They did not know what to do. They did not know how to end this.

Victor wanted to kill the creature and the creature wanted to kill Victor. But they also wanted to understand each other. They wanted to understand their pain. They wanted to understand their loneliness and their fear and their anger. But they did not know how.

Victor et la créature restèrent dans la grotte froide et sombre. Ils ne se battirent pas. Ils ne se parlèrent pas. Ils se regardaient seulement l'un l'autre. Ils étaient tous les deux très fatigués. Ils étaient tous les deux très tristes. Ils ne savaient pas quoi faire.

Les jours passèrent. La grotte était froide. Ce n'était pas un bon endroit pour vivre. Victor commença à se sentir mal. Il était faible. Il ne pouvait pas manger. Il ne pouvait pas dormir. Il était très fatigué. Il savait qu'il était en train de mourir.

La créature vit cela. Elle ne savait pas quoi faire. Elle avait peur. Elle était triste. Elle voulait aider Victor. Mais elle ne savait pas comment faire. Elle observait Victor tous les jours. Il voyait Victor s'affaiblir. Elle voyait la vie de Victor s'éteindre peu à peu

Victor and the creature stayed in the cold, dark cave. They did not fight. They did not talk. They only looked at each other. They were both very tired. They were both very sad. They did not know what to do.

Days passed. The cave was cold. It was not a good place to live. Victor started to feel sick. He was weak. He could not eat. He could not sleep. He was very tired. He knew he was dying.

The creature saw this. It did not know what to do. It was scared. It was sad. It wanted to help Victor. But it did not know how. It watched Victor every day. It saw Victor become weaker. It saw Victor's life slowly go away.

Victor savait qu'il allait mourir. Il avait peur. Mais il était aussi soulagé. Il était fatigué de sa vie. Il était fatigué de sa culpabilité. Il était fatigué de sa douleur. Il voulait se reposer. Il voulait être en paix.

Avant de mourir, Victor parla à la créature. Il lui fit part de ses regrets. Il lui dit qu'il avait fait une grosse erreur. Il lui dit qu'il aurait dû être un meilleur créateur. Il aurait dû aimer la créature. Il aurait dû la comprendre. Il aurait dû l'aider. Mais il ne le fit pas. Et il était désolé.

Victor knew he was dying. He was scared. But he was also relieved. He was tired of his life. He was tired of his guilt. He was tired of his pain. He wanted to rest. He wanted to be at peace.

Before he died, Victor talked to the creature. He told the creature he was sorry. He told the creature he had made a big mistake. He told the creature he should have been a better creator. He should have loved the creature. He should have understood the creature. He should have helped the creature. But he didn't. And he was sorry.

La créature écouta Victor. Elle ne dit rien. Elle écouta seulement. Elle vit le regret de Victor. Elle vit sa tristesse. Elle était désolée pour Victor. Mais elle était également en colère. Elle se sentait trompée. Elle se sentait trahie. Elle ne savait pas quoi dire.

Victor mourut dans la grotte. Il avait froid et peur. Mais il était aussi en paix. Il avait accepté ses erreurs. Il avait essayé d'arranger les choses. Il avait essayé de comprendre la créature. Il avait essayé d'aimer la créature. Victor n'était plus là.

The creature listened to Victor. It did not say anything. It only listened. It saw Victor's regret. It saw Victor's sadness. It felt sorry for Victor. But it also felt angry. It felt cheated. It felt betrayed. It did not know what to say.

Victor died in the cave. He was cold and scared. But he was also at peace. He had accepted his mistakes. He had tried to make things right. He had tried to understand the creature. He had tried to love the creature. Victor was gone.

La créature vit Victor mourir. Elle ne savait pas quoi ressentir. Il était en colère et seul, mais aussi soulagé. La mort de Victor signifiait la fin de sa douleur. Elle signifiait la fin de sa vengeance. Mais elle signifiait aussi le début de sa liberté.

The creature saw Victor die. It did not know what to feel. It was angry and lonely, but also relieved. Victor's death meant the end of its pain. It meant the end of its revenge. But it also meant the beginning of its freedom.

La créature était seule, mais elle était libre. Elle pouvait commencer une nouvelle vie. Elle pouvait essayer de trouver le bonheur. Elle pouvait essayer de trouver l'amour. Elle pouvait essayer de trouver la compréhension.

The creature was alone, but it was free. It could start a new life. It could try to find happiness. It could try to find love. It could try to find understanding.

Ainsi, la disparition de Victor marqua la fin d'une triste histoire. Elle marqua la fin d'une histoire remplie de douleur et de culpabilité. Elle marqua également la fin d'une histoire remplie de solitude et de colère. Mais elle marqua aussi le début d'une nouvelle histoire. Elle marqua le début de l'histoire de la créature. Elle marqua le début d'une histoire remplie d'espoir et de liberté. Elle marqua enfin le début d'une histoire remplie d'amour et de compréhension.

And so, Victor's demise marked the end of a sad story. It marked the end of a story filled with pain and guilt. It marked the end of a story filled with loneliness and anger. But it also marked the beginning of a new story. It marked the beginning of the creature's story. It marked the beginning of a story filled with hope and freedom. It marked the beginning of a story filled with love and understanding.

La créature sortit de la grotte. Il faisait très froid. Il faisait très sombre. Mais la créature n'avait pas de souci à se faire. Elle n'avait rien à perdre. Elle n'avait rien à craindre. Elle n'avait qu'elle-même. La créature décida de partir très loin. Elle décida d'aller là où personne ne pourrait la trouver. Elle décida de recommencer une nouvelle vie.

The creature left the cave. It was very cold. It was very dark. But the creature did not care. It had nothing to lose. It had nothing to fear. It only had itself. The creature decided to go far away. It decided to go where no one could find it. It decided to start a new life.

La créature voyagea pendant de nombreux jours. Elle traversa des forêts. Elle traversa des rivières à la nage. Elle escalada des montagnes. Elle était très fatiguée, mais elle continuait à avancer. Elle continuait à avancer. Elle voulait trouver un endroit sûr. Elle voulait trouver un endroit paisible. Elle voulait trouver un endroit où elle pourrait être seule.

The creature traveled for many days. It walked through forests. It swam across rivers. It climbed mountains. It was very tired, but it did not stop. It kept going. It wanted to find a safe place. It wanted to find a peaceful place. It wanted to find a place where it could be alone.

Finalement, la créature trouva un endroit. C'était une petite île. Elle se trouvait au milieu d'une grande mer. Personne ne s'y trouvait. Il n'y avait que des arbres et des animaux. La créature décida d'y vivre. C'était un endroit paisible. C'était un endroit sûr. C'était un endroit solitaire. Mais la créature ne s'en souciait pas. Elle avait l'habitude d'être seule.

La créature vécut sur l'île pendant de nombreuses années. Elle y était heureuse. Elle y était paisible. La créature ne faisait de mal à personne. Elle n'effrayait personne. Elle vivait tranquillement. Elle vivait seule.

Finally, the creature found a place. It was a small island. It was in the middle of a big sea. There were no people there. There were only trees and animals. The creature decided to live there. It was a peaceful place. It was a safe place. It was a lonely place. But the creature did not mind. It was used to being alone.

The creature lived on the island for many years. It was happy there. It was peaceful there. The creature did not hurt anyone. It did not scare anyone. It lived quietly. It lived alone.

Mais la créature n'avait jamais oublié Victor. Elle se souvenait toujours de lui. Elle se sentait toujours désolée pour lui. Elle se sentait toujours coupable pour lui. La créature regrettait de ne pas avoir pu changer les choses. Elle regrettait de ne pas avoir pu améliorer les choses. Mais elle savait qu'il était trop tard. Victor était parti. La créature était seule.

But the creature never forgot Victor. It always remembered him. It always felt sorry for him. It always felt guilty for him. The creature wished it could have changed things. It wished it could have made things better. But it knew it was too late. Victor was gone. The creature was alone.

La Fin / The End

Vingt Mille Lieues sous les Mers

Twenty Thousand Leagues Under The Sea

This story is an adaptation of the novel *Twenty Thousand Leagues Under the Sea*, written in 1870 by French author Jules Verne, who is considered a pioneer of science fiction literature.

L'histoire commence par la survenue d'un événement étrange. Partout dans le monde, les gens parlent d'un grand monstre marin. Ce monstre cause des ennuis aux navires qui naviguent dans l'océan. Les gens ont très peur et ne savent pas ce qu'est ce monstre. Ils veulent le découvrir et demandent de l'aide.

Le gouvernement des États-Unis décide de faire quelque chose. Ils organisent un voyage spécial pour trouver ce monstre. Ils choisissent le Professeur Pierre Aronnax pour diriger ce voyage. C'est un professeur célèbre qui connaît bien la mer et ses créatures. Il est très excité par ce travail et il est prêt à trouver le monstre.

The story starts with something strange happening. All over the world, people are talking about a big sea monster. This monster is making trouble for ships in the ocean. People are very scared, and they don't know what this monster is. They want to find out, so they ask for help.

The United States government decides to do something. They plan a special trip to find this monster. They choose Professor Pierre Aronnax to lead this trip. He is a famous teacher who knows a lot about the sea and its creatures. He's very excited about this job, and he is ready to find the monster.

Aronnax est accompagné de deux personnes. L'une d'elles est Conseil, le serviteur d'Aronnax. Il aide Aronnax pour tout ce dont il a besoin. L'autre personne est Ned Land. C'est un très bon harponneur. Un harponneur est une personne qui peut lancer une longue lance pour attraper de gros poissons ou des baleines.

Les trois hommes se préparent à l'aventure. Ils s'embarquent sur un grand navire que le gouvernement des États-Unis leur a donné. Le bateau quitte le port et le voyage commence. Ils ne savent pas encore ce qu'ils vont trouver dans la grande mer, mais ils sont prêts à rencontrer le monstre marin et à résoudre le mystère.

Aronnax brings two people with him. One of them is Conseil, who is Aronnax's servant. He helps Aronnax with everything he needs. The other person is Ned Land. He is a very good harpooner. A harpooner is a person who can throw a long spear to catch big fish or whales.

The three men get ready for their adventure. They join a big ship that the US government has given them. The ship leaves the harbor and the exciting journey begins. They don't know yet what they will find in the big, wide sea, but they're ready to meet the sea monster and solve the mystery.

Après plusieurs jours en mer, les hommes sur le bateau attendent et observent. Ils cherchent le monstre marin. Ils veulent le trouver. Ils ont une grande tâche à accomplir. Le professeur Aronnax, Conseil et Ned Land observent également la mer. Ils attendent tous que le monstre apparaisse.

Puis, un jour, ils voient quelque chose. Une grande forme se déplace dans l'eau. C'est le monstre ! Il est très grand et très rapide. Il se déplace dans l'eau comme un poisson, mais il est beaucoup plus gros que tous les poissons qu'ils ont jamais vus. Tout le monde sur le bateau est très effrayé, mais aussi très excité. Ils ont trouvé le monstre !

After many days at sea, the men on the ship are waiting and watching. They are looking for the sea monster. They want to find it. They have a big job to do. Professor Aronnax, Conseil, and Ned Land are also watching the sea. They are all waiting for the monster to appear.

Then, one day, they see something. There is a big shape moving in the water. It is the monster! It is very big and very fast. It moves through the water like a fish, but it is much bigger than any fish they have ever seen. Everyone on the ship is very scared, but also very excited. They have found the monster!

Ned Land, le harponneur, se prépare. Il prend sa longue lance et attend le bon moment. Il veut projeter sa lance sur le monstre. Il veut l'attraper. Mais le monstre est très rapide et très fort. Il frappe le bateau avec un grand choc. Le bateau tremble et l'eau entre dans le bateau. Tout le monde est en danger.

Le professeur Aronnax, Conseil et Ned Land tombent à l'eau. Ils ont peur car ils ne voient plus le bateau. Ils sont seuls dans l'eau avec le monstre. Ils nagent et nagent, mais ils sont très fatigués. Ils pensent qu'ils ne survivront pas. C'est alors qu'ils aperçoivent quelque chose.

Ned Land, the harpooner, gets ready. He takes his long spear and waits for the right moment. He wants to throw his spear at the monster. He wants to catch it. But the monster is very fast and very strong. It hits the ship with a big crash. The ship shakes and water comes in. Everyone is in danger.

Professor Aronnax, Conseil, and Ned Land fall into the water. They are scared because they can't see the ship anymore. They are alone in the water with the monster. They swim and swim, but they are very tired. They think they will not survive. But then they see something.

Dans l'eau, ils voient une grande forme. Ce n'est pas un monstre. Ce n'est pas un poisson. C'est un bateau ! Mais c'est un bateau très étrange. C'est un bateau qui peut aller sous l'eau. C'est un sous-marin. Les hommes sont très surpris. Ils n'ont jamais vu de sous-marin auparavant. Il est très grand et très beau. Ils n'en reviennent pas de ce qu'ils voient.

In the water, they see a big shape. It is not a monster. It is not a fish. It is a ship! But it is a very strange ship. It is a ship that can go under the water. It is a submarine. The men are very surprised. They have never seen a submarine before. It is very big and very beautiful. They can't believe what they are seeing.

Le sous-marin se rapproche. Une porte s'ouvre et des hommes en sortent. Ils aident le professeur Aronnax, Conseil et Ned Land. Ils les emmènent à l'intérieur du sous-marin. Les hommes sont en sécurité, mais ils sont aussi très troublés. Ils pensaient poursuivre un monstre, mais ils ont trouvé un sous-marin.

A l'intérieur du sous-marin, c'est très calme et très propre. Il y a des machines, des cartes et beaucoup d'autres choses. Les hommes ne savent pas où ils se trouvent. Ils sont perdus. Mais ils sont aussi très curieux. Ils veulent en savoir plus sur ce sous-marin et sur les hommes qui y vivent.

The submarine comes closer. A door opens and men come out. They help Professor Aronnax, Conseil, and Ned Land. They take them inside the submarine. The men are safe, but they are also very confused. They thought they were chasing a monster, but they found a submarine.

Inside the submarine, it is very quiet and very clean. There are machines and maps and many other things. The men don't know where they are. They are lost. But they are also very curious. They want to know more about this submarine and the men who live in it.

Ensuite, ils rencontrent le chef du sous-marin. Celui-ci s'appelle le Capitaine Nemo. Il est très étrange, mais aussi très intelligent. Il leur dit qu'ils sont sur le Nautilus, son sous-marin. Il leur dit qu'ils peuvent rester sur le Nautilus, mais qu'ils ne pourront jamais le quitter. Ils font maintenant partie du Nautilus et de son monde secret sous la mer.

Les hommes sont surpris et effrayés. Ils ne veulent pas rester éternellement sur le Nautilus. Ils veulent retourner dans leur monde. Mais ils veulent aussi en savoir plus sur le Nautilus et le Capitaine Nemo. Ils veulent comprendre ce nouveau monde sous la mer. Ils sont prêts pour une nouvelle aventure.

Then, they meet the leader of the submarine. His name is Captain Nemo. He is very strange, but also very smart. He tells them that they are on the Nautilus, his submarine. He tells them that they can stay on the Nautilus, but they can never leave. They are now part of the Nautilus and its secret world under the sea.

The men are surprised and scared. They don't want to stay on the Nautilus forever. They want to go back to their world. But they also want to learn more about the Nautilus and Captain Nemo. They want to understand this new world under the sea. They are ready for a new adventure.

Le Nautilus est un sous-marin très particulier. Il est grand et fort, et il est aussi très beau. À l'intérieur, il y a beaucoup de pièces et de couloirs. Il y a beaucoup de machines et de cartes. Tout est très propre et très organisé.

Les hommes commencent à explorer le Nautilus. Ils voient beaucoup de choses étonnantes. Ils voient une grande pièce avec beaucoup de livres. Ils voient une salle avec de belles images de la mer et de ses créatures. Ils voient une pièce avec des machines qui peuvent produire de l'air frais et de l'eau propre. Ils voient aussi une fenêtre qui montre la mer à l'extérieur. Ils peuvent voir des poissons, des plantes et des rochers. Ils peuvent voir le monde sous la mer.

The Nautilus is a very special submarine. It is big and strong, and it is also very beautiful. Inside, there are many rooms and corridors. There are many machines and maps. Everything is very clean and very organized.

The men start to explore the Nautilus. They see many amazing things. They see a big room with a lot of books. They see a room with beautiful pictures of the sea and its creatures. They see a room with machines that can make fresh air and clean water. They also see a window that shows the sea outside. They can see fish and plants and rocks. They can see the world under the sea.

Le Capitaine Nemo leur montre tout. Il est très fier du Nautilus. Il leur dit qu'il l'a construit lui-même. Il leur raconte aussi sa vie sous la mer. Il leur dit qu'il n'aime pas le monde au-dessus de la mer. Il leur dit qu'il préfère vivre sous la mer, avec les poissons et les plantes. Il leur dit qu'il est libre sous la mer.

Les hommes sont très surpris par les paroles du Capitaine Nemo. Ils ne comprennent pas pourquoi il a décidé de vivre sous la mer. Ils ne comprennent pas pourquoi il ne veut pas retourner dans le monde d'en haut. Mais ils éprouvent aussi un peu de respect pour lui. Il est très courageux et très intelligent. Il a construit un magnifique sous-marin. Il s'est créé une nouvelle vie.

Captain Nemo shows them everything. He is very proud of the Nautilus. He tells them that he built it himself. He also tells them about his life under the sea. He tells them that he doesn't like the world above the sea. He tells them that he prefers to live under the sea, with the fish and the plants. He tells them that he is free under the sea.

The men are very surprised by Captain Nemo's words. They don't understand why he wants to live under the sea. They don't understand why he doesn't want to go back to the world above. But they also feel a little bit of respect for him. He is very brave and very smart. He has built a beautiful submarine. He has created a new life for himself.

Le professeur Aronnax, Conseil et Ned Land commencent eux aussi à se sentir chez eux sur le Nautilus. Ils commencent à aimer la vie tranquille sous la mer. Ils commencent à apprécier la vue magnifique depuis la fenêtre. Ils commencent à en apprendre davantage sur la mer et ses créatures. Ils commencent à comprendre pourquoi le Capitaine Nemo aime cette vie.

Mais leur ancienne vie leur manque également. Leurs familles et leurs amis leur manquent. Le monde au-dessus de la mer leur manque. Ils veulent y retourner. Mais le Capitaine Nemo leur dit qu'ils ne peuvent pas quitter le Nautilus. Il leur dit qu'ils doivent rester avec lui. Il leur dit qu'ils doivent garder le secret du Nautilus.

Professor Aronnax, Conseil, and Ned Land also start to feel a little bit at home on the Nautilus. They start to like the quiet life under the sea. They start to enjoy the beautiful views from the window. They start to learn more about the sea and its creatures. They start to understand why Captain Nemo likes this life.

But they also miss their old life. They miss their families and friends. They miss the world above the sea. They want to go back. But Captain Nemo tells them that they can't leave the Nautilus. He tells them that they must stay with him. He tells them that they must keep the secret of the Nautilus.

Les hommes sont très tristes. Ils ne veulent pas rester éternellement sur le Nautilus. Mais ils savent aussi qu'ils ne peuvent pas combattre le Capitaine Nemo. Il est très fort et très déterminé. Ils décident de lui obéir, pour l'instant. Ils décident de garder le secret du Nautilus. Ils décident de vivre sous la mer.

Dans les jours et les semaines qui suivent, le professeur Aronnax, Conseil et Ned Land commencent à découvrir la vie sous la mer. Chaque jour sur le Nautilus apporte quelque chose de nouveau et d'excitant. C'est une vie très différente de celle à laquelle ils sont habitués, mais elle est aussi très intéressante.

The men are very sad. They don't want to stay on the Nautilus forever. But they also know that they can't fight Captain Nemo. He is very strong and very determined. They decide to obey him, for now. They decide to keep the secret of the Nautilus. They decide to live under the sea.

In the days and weeks that follow, Professor Aronnax, Conseil, and Ned Land start to learn about life under the sea. Every day on the Nautilus brings something new and exciting. It's a very different life from what they are used to, but also very interesting.

Tout d'abord, ils découvrent les différentes créatures qui vivent dans la mer. Il y a des poissons de toutes les formes et de toutes les tailles. Certains sont petits et colorés, tandis que d'autres sont grands et effrayants. Il y a aussi beaucoup de plantes différentes. Certaines sont vertes et douces, tandis que d'autres sont rouges et dures. Les hommes apprennent à connaître toutes ces créatures et ces plantes grâce au Capitaine Nemo. Il en sait beaucoup sur eux. Il raconte aux hommes de nombreuses histoires intéressantes sur la mer et ses habitants.

First, they learn about the different creatures that live in the sea. There are fish of all shapes and sizes. Some are small and colorful, while others are big and scary. There are also many different plants. Some are green and soft, while others are red and hard. The men learn about all these creatures and plants from Captain Nemo. He knows a lot about them. He tells the men many interesting stories about the sea and its inhabitants.

Ensuite, les hommes apprennent à connaître les différentes parties de la mer. Certaines parties sont peu profondes et lumineuses, tandis que d'autres sont profondes et sombres. Certaines parties sont calmes et tranquilles, tandis que d'autres sont sauvages et orageuses. Il y a aussi beaucoup de choses différentes au fond de la mer. Il y a des rochers, des grottes et même de vieilles épaves.

Les hommes explorent tous ces endroits avec le Nautilus. Ils voient beaucoup de choses étonnantes et vivent de nombreuses aventures passionnantes.

Second, the men learn about the different parts of the sea. Some parts are shallow and bright, while others are deep and dark. Some parts are calm and quiet, while others are wild and stormy. There are also many different things on the sea floor. There are rocks, caves, and even old shipwrecks.

The men explore all these places with the Nautilus. They see many amazing sights and have many exciting adventures.

L'une de leurs aventures est la chasse au calmar géant. C'est une créature très dangereuse, mais Ned Land, le harponneur, n'a pas peur. Il se bat contre le calmar et gagne. C'est un moment très excitant. Une autre aventure est la visite d'une ville engloutie. La ville est vieille et belle, mais elle est aussi triste et solitaire. Les hommes éprouvent un étrange mélange de crainte et de tristesse en explorant la ville.

La vie sous la mer n'est pas qu'une question d'aventure. Il s'agit également de la vie de tous les jours. Les hommes doivent manger, dormir et travailler.

One of their adventures is a hunt for a giant squid. It is a very dangerous creature, but Ned Land, the harpooner, is not afraid. He fights the squid and wins. It is a very exciting moment. Another adventure is a visit to a sunken city. The city is old and beautiful, but it is also sad and lonely. The men feel a strange mix of awe and sadness as they explore the city.

Life under the sea is not just about adventure, though. It is also about everyday life. The men must eat, sleep, and work.

Ils mangent des aliments provenant de la mer, comme du poisson et des algues. Ils dorment dans de petites chambres du Nautilus. Ils travaillent avec le Capitaine Nemo et son équipe, aidant à maintenir le Nautilus en bon état de marche. C'est une vie simple, mais c'est aussi une belle vie. Les hommes sont occupés, mais ils sont aussi heureux.

Pourtant, les hommes sont nostalgiques de leur ancienne vie. La terre et le ciel leur manquent. Leurs familles et leurs amis leur manquent. Parfois, ils se sentent tristes et seuls. Mais ils savent aussi qu'ils ont de la chance d'être en vie. Ils savent qu'ils ont la chance de voir les merveilles de la mer. Ils savent qu'ils ont de la chance de faire partie du Nautilus et de ses aventures.

They eat food from the sea, like fish and seaweed. They sleep in small rooms in the Nautilus. They work with Captain Nemo and his crew, helping to keep the Nautilus running smoothly. It is a simple life, but it is also a good life. The men are busy, but they are also happy.

Still, the men miss their old life. They miss the land and the sky. They miss their families and friends. Sometimes, they feel sad and lonely. But they also know that they are lucky to be alive. They know that they are lucky to see the wonders of the sea. They know that they are lucky to be part of the Nautilus and its adventures.

Au fur et à mesure que les hommes vivent sur le Nautilus, ils en apprennent davantage sur le Capitaine Nemo. C'est un homme très mystérieux. Il est calme et sérieux. Il est aussi très intelligent et courageux. Mais les hommes ne savent pas grand-chose sur lui. Ils ne savent pas pourquoi il vit sous la mer. Ils ne savent pas pourquoi il ne veut pas retourner dans le monde d'en haut. Ils veulent le découvrir.

As the men live on the Nautilus, they learn more about Captain Nemo. He is a very mysterious man. He is quiet and serious. He is also very smart and brave. But the men don't know much about him. They don't know why he lives under the sea. They don't know why he doesn't want to go back to the world above. They want to find out.

Un jour, le Capitaine Nemo leur raconte son histoire. Il leur raconte qu'il vivait dans le monde d'en haut. Il avait une famille et des amis. Il avait une maison et un travail. Mais il s'est passé quelque chose de tragique. Il a tout perdu. Il était très triste et en colère. Il ne voulait plus vivre dans le monde d'en haut. Il voulait être seul. Il construisit donc le Nautilus et vint vivre sous la mer.

One day, Captain Nemo tells them his story. He tells them that he used to live in the world above. He had a family and friends. He had a home and a job. But something bad happened. He lost everything. He was very sad and angry. He didn't want to live in the world above anymore. He wanted to be alone. So, he built the Nautilus and came to live under the sea.

Les hommes sont très surpris par l'histoire du Capitaine Nemo. Ils sont désolés pour lui. Ils comprennent pourquoi il est si triste et si en colère. Ils comprennent pourquoi il veut être seul. Mais ils ont aussi peur. Ils savent que le Capitaine Nemo n'est pas un homme normal. C'est un homme qui a tout perdu. C'est un homme qui peut tout faire.

The men are very surprised by Captain Nemo's story. They feel sorry for him. They understand why he is so sad and angry. They understand why he wants to be alone. But they also feel scared. They know that Captain Nemo is not a normal man. He is a man who has lost everything. He is a man who can do anything.

Le Capitaine Nemo fait beaucoup de choses sur le Nautilus. Il s'occupe du sous-marin et de son équipe. Il explore la mer et ses créatures. Il lit des livres et étudie des cartes. Il aide aussi les gens dans le besoin. Par exemple, il a sauvé un homme qui s'était égaré en mer. Une autre fois, il a donné de l'argent à des pauvres. Il fait tout cela discrètement et sans rien demander en retour.

Captain Nemo does many things on the Nautilus. He takes care of the submarine and its crew. He explores the sea and its creatures. He reads books and studies maps. He also helps people in need. One time, he saves a man who is lost at sea. Another time, he gives money to poor people. He does all these things quietly and without asking for anything in return.

Mais le Capitaine Nemo fait aussi des choses qui ne sont pas bonnes. Il se bat contre des navires qu'il juge mauvais. Il les détruit avec le Nautilus. Il ne se soucie pas des personnes à bord des navires. Il ne se soucie pas des lois du monde d'en haut. Il fait ce qu'il pense être juste. Il fait ce qu'il veut. Les membres de son équipe ne parlent pas beaucoup aux trois hommes, mais ils semblent dévoués au Capitaine Nemo.

Les hommes craignent les actions du Capitaine Nemo. Ils ne veulent pas participer à ses combats. Ils ne veulent pas blesser les gens. Ils veulent quitter le Nautilus. Mais ils ne peuvent pas. Le Capitaine Nemo ne les laisse pas partir. Il dit qu'ils doivent rester avec lui. Il dit qu'ils doivent faire partie de son monde.

But Captain Nemo also does things that are not good. He fights against ships that he thinks are bad. He destroys them with the Nautilus. He doesn't care about the people on the ships. He doesn't care about the laws of the world above. He does what he thinks is right. He does what he wants. The crew do not talk to the three men very much, but they seem devoted to Captain Nemo.

The men fear Captain Nemo's actions. They don't want to be part of his fights. They don't want to hurt people. They want to leave the Nautilus. But they can't. Captain Nemo won't let them. He says that they must stay with him. He says that they have to be part of his world.

En fin de compte, les motivations et les actions du Capitaine Nemo constituent une part importante de la vie sur le Nautilus. Elles façonnent les jours et les nuits des hommes. Elles façonnent leurs pensées et leurs sentiments. Elles façonnent leur avenir. Elles leur rappellent constamment le monde étrange et dangereux qui règne sous la mer. Elles sont un rappel constant de l'homme qui dirige ce monde, le Capitaine Nemo.

In the end, Captain Nemo's motives and actions are a big part of life on the Nautilus. They shape the men's days and nights. They shape their thoughts and feelings. They shape their future. They are a constant reminder of the strange and dangerous world under the sea. They are a constant reminder of the man who rules this world, Captain Nemo.

Un jour, pendant leur séjour sur le Nautilus, il se passe quelque chose d'important. Le Capitaine Nemo annonce aux hommes la présence d'un navire de guerre dans les parages. Ce n'est pas n'importe quel navire de guerre. Il s'agit d'un navire du pays qui a fait du mal au Capitaine Nemo dans le passé. Celui-ci est très en colère. Il veut attaquer le navire de guerre.

Les hommes ont très peur. Ils savent qu'il est dangereux d'attaquer un navire de guerre. Ils savent aussi que ce n'est pas une bonne initiative. Ils ne veulent blesser personne. Mais ils savent aussi qu'ils ne peuvent pas arrêter le Capitaine Nemo. Il est le chef du Nautilus. Il peut faire ce qu'il veut. Toute l'équipe lui est totalement loyale.

One day, while living on the Nautilus, something big happens. Captain Nemo tells the men that there is a warship nearby. This is not just any warship. This is a ship from the country that hurt Captain Nemo in the past. He is very angry. He wants to attack the warship.

The men are very scared. They know that attacking a warship is dangerous. They also know that it is wrong. They don't want to hurt anyone. But they also know that they can't stop Captain Nemo. He is the leader of the Nautilus. He can do what he wants. The crew is totally loyal to him.

Le jour de l'attaque arrive. Le Nautilus se dirige vers le navire de guerre. Le Capitaine Nemo est à l'avant. Il est prêt à se battre. Il est prêt à se venger. Les hommes peuvent lire la colère dans ses yeux. Ils sentent la tension dans l'air.

The day of the attack comes. The Nautilus goes towards the warship. Captain Nemo is at the front. He is ready to fight. He is ready to get his revenge. The men can see the anger in his eyes. They can feel the tension in the air.

L'attaque commence. Le Nautilus heurte le navire de guerre avec un grand choc. Il y a un grand bruit. Il y a de la fumée et du feu. Les gens à bord du navire de guerre ont peur. Ils essaient de se défendre. Mais le Nautilus est trop fort. Il est trop rapide. Il est trop puissant.

The attack starts. The Nautilus hits the warship with a big crash. There is a loud noise. There is smoke and fire. People on the warship are scared. They try to fight back. But the Nautilus is too strong. It is too fast. It is too powerful.

Le Capitaine Nemo observe l'attaque. Il n'a pas l'air heureux. Il n'a pas l'air triste. Il a l'air calme. Il a l'air déterminé. Il a l'air d'un homme qui fait ce qu'il pense être juste. Les hommes l'observent. Ils voient un homme qui a tout perdu. Ils voient un homme qui se bat pour ses convictions. Ils voient un homme qui n'a pas peur.

Captain Nemo watches the attack. He doesn't look happy. He doesn't look sad. He looks calm. He looks determined. He looks like a man who is doing what he thinks is right. The men watch him. They see a man who has lost everything. They see a man who is fighting for his beliefs. They see a man who is not afraid.

L'attaque se termine. Le navire de guerre est détruit. Il s'enfonce dans la mer. Les personnes qui se trouvaient à bord du navire de guerre sont perdues. Le Nautilus s'éloigne. Il retourne dans les profondeurs de la mer. Il laisse derrière lui le navire de guerre et ses occupants. Le Capitaine Nemo ne dit rien. Il regarde la mer. Les hommes le regardent. Ils ne savent pas quoi dire. Ils ne savent pas quoi ressentir.

Les hommes ressentent beaucoup de choses après l'attaque. Ils ont peur. Ils ressentent de la tristesse. Ils ressentent de la confusion. Ils éprouvent des regrets. Mais ils ressentent aussi de la compréhension. Ils comprennent le Capitaine Nemo. Ils comprennent sa colère. Ils comprennent sa douleur. Ils comprennent son besoin de vengeance.

The attack ends. The warship is destroyed. It sinks into the sea. The people on the warship are lost. The Nautilus moves away. It goes back into the deep sea. It leaves the warship and its people behind. Captain Nemo doesn't say anything. He just looks at the sea. The men look at him. They don't know what to say. They don't know what to feel.

The men feel many things after the attack. They feel fear. They feel sadness. They feel confusion. They feel regret. But they also feel understanding. They understand Captain Nemo. They understand his anger. They understand his pain. They understand his need for revenge.

Après l'attaque du navire de guerre, les choses changent sur le Nautilus. Les hommes ont plus peur. Ils sont plus inquiets. Ils veulent partir. Ils ne veulent plus rester avec le Capitaine Nemo. Ils veulent retourner dans le monde d'en haut. Ils veulent retrouver leurs familles et leurs amis. Ils veulent être libres.

After the attack on the warship, things change on the Nautilus. The men feel more scared. They feel more worried. They want to leave. They don't want to stay with Captain Nemo anymore. They want to go back to the world above. They want to go back to their families and friends. They want to be free.

Ils élaborent un plan d'évasion. C'est un plan simple, mais c'est aussi un plan dangereux. Ils doivent attendre le bon moment. Ils doivent être très silencieux. Ils doivent être très courageux. Ils savent que s'ils échouent, ils peuvent mourir. Mais ils savent aussi que s'ils réussissent, ils peuvent vivre.

They make a plan to escape. It is a simple plan, but it is also a dangerous plan. They have to wait for the right time. They must be very quiet. They must be very brave. They know that if they fail, they could die. But they also know that if they succeed, they could live.

Le jour de l'évasion arrive. Le Nautilus est près d'une grande île. La mer est calme. Le ciel est dégagé. C'est le moment idéal pour s'échapper. Les hommes sont prêts. Ils ont leurs sacs. Ils ont leur courage. La chance est avec eux, car le Capitaine Nemo est occupé lorsqu'ils veulent partir. Aucun membre de l'équipe ne tente de les en empêcher. Ils peuvent quitter le Nautilus sans confrontation.

Ils nagent vers l'île. C'est difficile. L'eau est froide et les vagues sont grosses, mais ils continuent. Ils ne s'arrêtent pas. Ils ne regardent pas en arrière. Ils ne pensent qu'à l'île. Ils ne pensent qu'à leur liberté.

The day of the escape comes. The Nautilus is near a big island. The sea is calm. The sky is clear. It is the perfect time to escape. The men are ready. They have their bags. They have their courage. Luck is with them, because Captain Nemo is busy when they want to leave. None of the crew try to stop them. They are able to leave The Nautilus without confrontation.

They swim towards the island. It is difficult. The water is cold, and the waves are big, but they keep going. They don't stop. They don't look back. They only think about the island. They only think about their freedom.

Après un long moment, ils atteignent l'île. Ils sont fatigués. Ils sont mouillés. Mais ils sont aussi heureux. Ils ont échappé au Nautilus. Ils ont échappé au Capitaine Nemo. Ils ont échappé à la mer. Ils sont libres.

Ils se retournent vers la mer. Ils voient le Nautilus. Il s'en va. Il retourne dans les profondeurs de la mer. Il retourne dans son monde. Ils voient le Capitaine Nemo. Il se tient à l'avant du Nautilus. Il les observe. Il n'essaie pas de les arrêter. Il n'essaie pas de les rappeler. Il les observe. Ils le regardent. Ils lui disent au revoir dans leur cœur.

After a long time, they reach the island. They are tired. They are wet. But they are also happy. They have escaped from the Nautilus. They have escaped from Captain Nemo. They have escaped from the sea. They are free.

They look back at the sea. They see the Nautilus. It is going away. It is going back to the deep sea. It is going back to its world. They see Captain Nemo. He is standing at the front of the Nautilus. He is watching them. He doesn't try to stop them. He doesn't try to call them back. He just watches them. They watch him. They say goodbye to him in their hearts.

Puis, le Nautilus disparaît. Il s'enfonce dans la mer. Il sort de leur vie. Ils ne le reverront plus. Ils ne reverront plus le Capitaine Nemo. Ils sont seuls sur l'île. Ils sont seuls dans le monde d'en haut.

Les trois hommes sont finalement sauvés par un bateau de pêche. Ils parviennent à rentrer chez eux, à Paris. Le professeur Aronnax rapporte leurs aventures aux autorités. Il leur raconte toute l'histoire, sans émotion. Il ne sait pas ce qu'il doit penser du Capitaine Nemo et de ses actes.

Then, the Nautilus disappears. It goes down into the sea. It goes out of their lives. They don't see it again. They don't see Captain Nemo again. They are alone on the island. They are alone in the world above.

Eventually the three men are rescued by a fishing boat. They are able to get back home to Paris. Professor Aronnax reports their adventures to the authorities. He tells them the whole story, without emotions. He does not know how to feel about Captain Nemo and his actions.

Les hommes désirent ardemment avoir des contacts avec d'autres personnes. Ils se sentent seuls sur le Nautilus. Mais ils décident de ne pas raconter aux autres leurs étranges aventures sur le Nautilus. Ils craignent que les autres les traitent de fous. C'est pourquoi ces secrets restent dans leur cœur. C'est ainsi qu'une partie de leur isolement perdure à jamais.

The men yearn to have contact with other people. They have been lonely on the Nautilus. But they decide not to tell others about their strange adventures on The Nautilus. They fear other people will call them crazy. And so, these secrets stay in their hearts. In this way, some part of their isolation continues forever.

La Fin / The End

La Guerre des Mondes

The War of the Worlds

This story is an adaptation of the *The War of the Worlds*, written by British author H.G. Wells. It was first published in 1898 and quickly became one of the most influential works in the science fiction genre.

Depuis toujours, je vis dans une ville paisible d'Angleterre. J'aimais contempler le ciel nocturne. C'était une époque plus simple. Je n'avais aucune idée que quelqu'un pouvait être en train de me regarder.

Une nuit, je vis Mars, un point lumineux dans le ciel, qui agissait étrangement. Des volutes de fumée semblaient en sortir. Ce phénomène fut très médiatisé. Les gens en parlaient, mais personne ne s'inquiétait vraiment.

Tout changea soudainement lorsqu'un énorme cylindre métallique s'écrasa près de ma maison. Il fit un grand bruit et un grand trou dans le sol. La curiosité eut raison de moi et je vins le voir, me joignant à la foule qui s'était rassemblée.

Ever since I remember, I lived in a peaceful town in England. I used to love gazing at the night sky. It was a simpler time. I had no idea someone might be gazing back at me.

One night I noticed Mars, a bright dot in the sky, acting strange. Puffs of smoke seemed to come out of it. It became big news. People talked about it, but no one worried too much.

That changed suddenly when a huge metal cylinder crashed near my house. It made a loud noise and a big hole in the ground. Curiosity got the better of me, and I went to see it, joining a crowd that had gathered.

Le haut du cylindre se mit à bouger et, à notre grande surprise, des créatures en sortirent. Elles avaient de grands yeux et de longs bras. Nous savions qu'il s'agissait de Martiens. Nous étions hypnotisés par la curiosité.

The top of the cylinder began to move, and to our shock, creatures came out. They had big eyes and long arms. Martians, we realized. We were mesmerized with curiosity.

Au début, ils semblaient paisibles. Ils regardaient autour d'eux, presque comme des touristes. Mais soudain, ils attaquèrent ! Ils utilisèrent un puissant laser et mirent le feu à tout. Le spectacle était terrifiant. Nous prîmes tous la fuite, terrorisés. La ville était détruite et recouverte d'une épaisse fumée noire.

At first, they seemed peaceful. They looked about, almost like tourists. But suddenly, they attacked! They used a powerful laser and set everything on fire. The sight was terrifying. We all fled in terror. The town was destroyed and covered in thick black smoke.

Ceux d'entre nous qui survécurent se cachèrent dans des sous-sols et d'autres cachettes. Chaque jour apportait un peu plus de peur. D'autres cylindres tombaient. L'armée essaya de se battre, mais les Martiens avaient d'énormes machines à trois pattes appelées Tripodes. Ils lançaient des rayons de chaleur et une fumée noire mortelle. Rien ne semblait pouvoir les arrêter.

Je n'avais qu'une idée en tête : retrouver ma femme. Nous avions été séparés lors de l'attaque initiale. Avec un sac contenant l'essentiel, je me mis en route. Le chemin était difficile. Les routes étaient remplies de gens affolés. La vue des familles qui couraient, des enfants qui pleuraient et le bruit lointain des Tripodes me hantaient.

Those of us who survived hid in basements and other hideouts. Every day brought more fear. More cylinders fell. The army tried to fight, but the Martians had huge three-legged machines called Tripods. They shot heat-rays and a deadly black smoke. It seemed nothing could stop them.

I had one thought: finding my wife. We had been separated in the initial attack. With a bag of essentials, I began my journey. The way was hard. Roads were filled with panicking people. The sight of families running, children crying, and the distant noise of Tripods haunted me.

Je vis par hasard des soldats qui prévoyaient d'attaquer les Martiens avec de gros fusils. Bien qu'effrayé, je ressentis une lueur d'espoir. Peut-être, juste peut-être, pourrions-nous nous défendre. Mais les Martiens étaient puissants. Leurs rayons de chaleur étaient trop forts.

L'attaque échoua. Il y avait de la fumée et du feu partout. Je fus épargné de justesse, le cœur battant à tout rompre.

I stumbled upon soldiers planning to attack the Martians with big guns. Though scared, I felt a spark of hope. Maybe, just maybe, we could fight back. But the Martians were powerful. Their heat-rays were too strong.

The attack failed. Smoke and fire were everywhere. I narrowly escaped, my heart pounding loudly.

Au cours de ma fuite, je fis la connaissance d'un homme qui voyageait lui aussi. Nous nous aidâmes mutuellement et voyageâmes ensemble pendant un certain temps. Ensemble, nous fûmes témoins d'horreurs. Une fois, alors que nous nous cachions, nous vîmes un navire courageux. Il s'appelait l'Enfant du tonnerre et tentait de repousser les Tripodes. Il en détruisit quelques-uns, mais au prix de grands sacrifices. Ce spectacle était à la fois déchirant et inspirant.

During my escape, I met a man who was also traveling. We helped each other and travelled together for some time. Together, we witnessed horrors. Once, as we hid, we saw a brave ship. The ship was called the Thunder Child, and it was trying to fend off the Tripods. It destroyed some, but at a great cost. The sight was both heartbreaking and inspiring.

Les Martiens semblaient avoir changé notre monde. Ils répandirent une herbe rouge qui recouvrait tout. Notre Terre verte devenait rouge. On avait l'impression que les Martiens marquaient leur territoire.

Avec mon nouvel ami, nous trouvâmes refuge dans une vieille maison. Les jours devinrent des nuits, et notre nourriture se raréfia. Nous étions constamment sur le qui-vive. Nous écoutions les bourdonnements lointains des Tripodes et les appels inquiétants des Martiens. Un jour, un grand choc rompit notre silence inquiet. Un cylindre avait atterri tout près de nous. Nous nous cachâmes, priant pour qu'ils ne nous trouvent pas.

The Martians seemed to change our world. They spread a red weed that covered everything. Our green Earth was turning red. It felt like the Martians were marking their territory.

With my new friend, I found refuge in an old house. Days turned into nights, and our food grew scarce. We were constantly on edge. We listened to the distant hums of the Tripods and the eerie calls of the Martians. One day, a loud crash broke our uneasy silence. A cylinder had landed close by. We hid, praying they wouldn't find us.

Nous pouvions entendre les Martiens à l'extérieur. Leurs bruits étranges et les mouvements de leurs machines me donnaient le vertige. Mon compagnon, submergé par la peur, se mit à prier bruyamment. Je m'efforçais de le calmer, mais il était perdu dans sa panique. Je craignais que son bruit n'attire les Martiens. Par chance, les Martiens passèrent à côté de nous.

Un jour, les sons des Martiens disparurent. Avaient-ils disparu ? La curiosité et l'espoir me firent sortir. Le monde était méconnaissable. Il y avait de l'herbe rouge partout et les bâtiments étaient en ruine. Pourtant, il n'y avait aucun signe des Martiens ou de leurs machines.

We could hear the Martians outside. Their strange sounds and the movement of their machines made my heart race. My companion, overwhelmed by fear, began praying loudly. I tried calming him, but he was lost in his panic. I worried his noise would attract the Martians. By some luck, the Martians passed us by.

One day, the Martian sounds faded. Were they gone? Curiosity and hope pushed me outside. The world was unrecognizable. Red weed was everywhere, and buildings lay in ruins. Yet, there was no sign of the Martians or their machines.

Malgré la destruction, ma détermination grandit. Je devais retrouver ma femme. Je devais savoir si elle était en sécurité. C'est sur cette pensée que je poursuivis ma route, en gardant espoir.

Après les horreurs de la campagne, je pris la décision de me rendre à Londres. Peut-être que les choses iraient mieux là-bas. Mais quand je parvins à Londres, la ville n'était pas celle dont je me souvenais. Les rues étaient silencieuses et l'herbe rouge de Mars était omniprésente. Les grands immeubles et les lieux célèbres étaient vides. Un étrange silence régnait dans l'air.

Despite the destruction, my determination grew. I needed to find my wife. I needed to know if she was safe. With that thought, I continued on, holding onto hope.

After the horrors in the countryside, I decided to go to London. Maybe there, things would be better. But when I arrived, the city was not as I remembered. The streets were silent, and the red weed from Mars was everywhere. The tall buildings and famous places were empty. A strange silence filled the air.

En marchant dans les rues tranquilles, je pensais à ma femme et j'espérais qu'elle était en sécurité. Je voulais la retrouver, mais Londres était si grand. Je ne savais pas par où commencer. La ville ressemblait à un rêve—non, elle ressemblait à un cauchemar. Il n'y avait pas de voitures, pas de bruits d'enfants qui jouaient, pas de signes de vie. C'était comme si les Martiens avaient emporté l'âme de la ville.

Walking through the quiet streets, I thought of my wife and hoped she was safe. I wanted to find her, but London was so big. I didn't know where to start. The city felt like a dream—no, it felt like a nightmare. There were no cars, no sounds of children playing, and no signs of life. It was like the Martians had taken away the soul of the city.

Un jour, alors que je me promenais, je vis un visage familier. C'était un soldat que j'avais rencontré auparavant, lors de l'attaque initiale. Nous étions tous deux surpris et heureux de nous revoir. Il me fit part de son plan pour rester à l'abri des Martiens. Il pensait que nous pourrions vivre sous terre, comme dans les tunnels du métro. Là-bas, les Martiens ne pourraient pas nous trouver.

Il parlait de créer un nouveau monde sous la terre. Il y aurait des chambres pour les gens, des endroits pour lire des livres et même des fermes pour cultiver de la nourriture. Cela semblait être un bon plan, et je ressentis une petite lueur d'espoir.

One day, while wandering, I saw a familiar face. It was a soldier I had met before, during the initial attack. We were both surprised and happy to see each other. He told me he had a plan to stay safe from the Martians. He believed that we could live underground, like in the subway tunnels. Down there, the Martians couldn't find us.

He talked about making a new world under the ground. There would be rooms for people, places to read books, and even farms to grow food. It sounded like a good plan, and I felt a small spark of hope.

Ensemble, nous trouvâmes une maison avec un sous-sol et nous commençâmes à creuser. Nous voulions faire un tunnel pour nous relier à d'autres endroits souterrains. Le soldat avait de grands rêves. Il rêvait qu'un jour, nous serions assez forts pour combattre à nouveau les Martiens.

Mais creuser était un travail difficile. Le sol était dur et nous n'avions pas les bons outils. Les jours passaient et nous ne faisions que peu de progrès. Je commençais à me sentir fatigué et inquiet. Était-ce vraiment un bon plan ? Ma femme me manquait et je voulais la retrouver. Mais le soldat continuait à parler de son rêve. Il disait que sous terre, nous pourrions être en sécurité et libres.

Pendant que je travaillais, j'entendais souvent des bruits étranges venant d'en haut. Parfois, il s'agissait de fortes détonations, comme le tonnerre. D'autres fois, il s'agissait de sons inquiétants, comme les cris des Martiens. J'essayais de ne pas y penser, mais la peur était toujours là. Le monde avait tellement changé et je ne savais pas s'il serait à nouveau le même un jour.

While working, I often heard strange noises from above. Sometimes, they were loud booms, like thunder. Other times, they were eerie sounds, like the cries of the Martians. I tried not to think about it, but fear was always there. The world had changed so much, and I didn't know if it would ever be the same again.

Une nuit, alors que je me reposais, je vis une lumière à l'extérieur. Curieux, je jetai un coup d'œil à l'extérieur et découvris un spectacle effroyable. Les Martiens se nourrissaient des gens. Ils utilisaient de longues machines pour prélever leur sang. Je me sentis mal et j'eus peur. Je n'arrivais pas à croire ce que je voyais. C'était peut-être la raison pour laquelle les Martiens étaient venus sur Terre. Je savais que je devais faire très attention. Si les Martiens m'attrapaient, je serais leur prochaine victime.

One night, while resting, I saw a light outside. Curious, I peeked out and saw a horrifying sight. The Martians were feeding on people. They used long machines to take their blood. I felt sick and scared. I couldn't believe what I was seeing. Perhaps this was the very reason the Martians had come to Earth. I knew I had to be very careful. If the Martians caught me, I would be their next victim.

Je traversai la ville détruite, toujours à l'affût des Martiens. Mais quelque chose était en train de changer. Au fil des jours, je me rendais compte que de nombreux Martiens n'avaient plus l'air en forme. Ils avaient l'air malades. Je ne savais pas pourquoi, mais cela me donnait un peu d'espoir. Peut-être que quelque chose sur Terre était trop pour eux.

Plus les jours passaient, plus je voyais des Martiens malades. Partout où j'allais, je voyais leurs grosses machines immobiles, sans bouger. Les gens commencèrent à chuchoter entre eux. Ils disaient que de petites choses, des choses minuscules appelées bactéries, attaquaient les Martiens.

I moved through the destroyed city, always looking out for Martians. But something was changing. As days went by, I noticed that many Martians didn't look strong anymore. They looked sick. I didn't know why, but this gave me a little hope. Maybe something on Earth was too much for them.

As more days passed, the sight of sick Martians became common. Everywhere I went, I saw their big machines standing still, not moving. People began to whisper to each other. They said small things, tiny things called bacteria, were attacking the Martians.

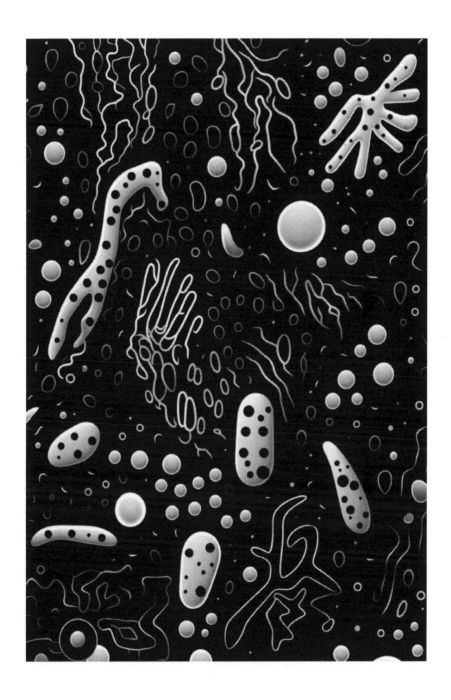

Sur Terre, on trouve ces bactéries partout. Parfois, elles nous rendent malades, mais notre corps les combat. Les Martiens n'avaient aucune protection contre elles. Ils tombaient malades.

Cette découverte fut une grande surprise. Nous ne pouvions pas vaincre les Martiens avec des armes à feu ou des bombes. Mais maintenant, les plus petites choses sur Terre le faisaient. Elles blessaient les Martiens. Tout le monde se mit à en parler. L'espoir grandit dans nos cœurs. Beaucoup d'entre nous se mirent à croire que peut-être, juste peut-être, nous pourrions récupérer notre monde.

On Earth, we have these bacteria everywhere. Sometimes they make us sick, but our bodies fight them. The Martians had no protection against them. They were falling ill.

This discovery was a big surprise. We couldn't defeat the Martians with guns or bombs. But now, the smallest things on Earth were doing it. They were hurting the Martians. Everyone started talking about this. Hope grew in our hearts. Many of us began to believe that maybe, just maybe, we could get our world back.

Avec l'affaiblissement des Martiens, nous commençâmes à sortir davantage. Les rues qui étaient vides auparavant recommencèrent à se peupler. Ils parlaient, s'entraidaient, partageaient de la nourriture et des histoires. Tout le monde avait une histoire. Des histoires d'évasion, de cachette, de vision des Martiens.

Mais à présent, l'histoire la plus populaire était celle des bactéries. Comment ces choses minuscules et invisibles nous sauvaient.

With the Martians becoming weak, we started coming out more. Streets that were empty before began to fill with people. They were talking, helping each other, sharing food and stories. Everyone had a story. Stories of close escapes, of hiding, of seeing the Martians.

But now, the most popular story was about the bacteria. How these tiny, unseen things were saving us.

Cependant, je ne pouvais pas profiter de cette bonne nouvelle tant que je n'avais pas retrouvé ma femme. Je ne savais pas où elle se trouvait. Chaque jour, je la cherchais. Chaque visage que je voyais, j'espérais que c'était le sien. Et puis, un beau jour, je la trouvai au sein d'un groupe de personnes. Nous courûmes tous les deux, nous nous embrassâmes et nous pleurâmes. Toute la peur et la douleur disparurent. Nous étions à nouveau ensemble.

Still, I could not enjoy this good news until I found my wife. I didn't know where she was. Every day, I looked for her. Every face I saw, I hoped it was hers. And then, one beautiful day, I found her in a group of people. We ran to each other, hugged, and cried. All the fear and pain disappeared. We were together again.

Peu à peu, la ville commença à changer. Les plantes rouges que les Martiens avaient apportées se mirent à mourir. Nos propres plantes vertes revinrent. L'air devint frais. Les oiseaux recommencèrent à chanter. Les énormes et effrayantes machines des Martiens étaient partout, mais elles étaient silencieuses maintenant. Elles n'étaient plus une menace. Nous les regardions et nous nous souvenions de la peur qu'elles nous inspiraient. Mais nous nous souvenions aussi de la camaraderie qui régnait lorsque les gens s'unissaient pour survivre.

Slowly, the city started to change. The red plants that the Martians brought began to die. Our own green plants came back. The air felt fresh. Birds started singing again. The huge, scary machines of the Martians lay everywhere, but they were silent now. No longer a threat. We looked at them and remembered the fear they brought. But we also remembered the camaraderie when people came together for survival.

Les gens se rassemblèrent de plus en plus. Nous parlions de tout et de rien. Nous nous rappelions les jours difficiles. Les bruits forts, les grandes bagarres, les plantes rouges et les Martiens effrayants. Mais nous évoquions aussi nos héros, les petites bactéries. Nous rîmes, pleurâmes et commençâmes à faire des projets pour l'avenir. Nous savions qu'il y aurait beaucoup de travail. Mais nous savions aussi que nous n'étions pas seuls. Nous étions là les uns pour les autres. Nous avions appris que lorsque nous travaillons ensemble, nous pouvons toujours trouver un moyen d'aller de l'avant.

People gathered more and more. We talked about everything. We remembered the hard days. The loud noises, the big fights, the red plants, and the scary Martians. But we also talked about our heroes, the small bacteria. We laughed, cried, and began to make plans for the future. We knew there would be a lot of work. But we also knew we were not alone. We had each other. We had learned that when we work together, we can always find a way to move forward.

La Fin / The End

Did you enjoy these classic science fiction stories? This book is part of a series rolling out in 2023 and 2024!

To get alerted when a new book is released and receive free resources to help your language learning journey, please join the mailing list.

Bilingual Bridge™

bilingualbridge.substack.com

If you enjoyed this book, I would truly appreciate a review to increase its visibility! Reviews are a great way to support writers.

Sincerely, Vallerie Wilson

Remarques

Notes

Printed in Great Britain
by Amazon